los **9** secretos de la gente exitosa

los **9** secretos de la gente

exitosa

HEIDI GRANT HALVORSON

HARVARD BUSINESS REVIEW PRESS

Reverté Management
Barcelona · México

los 9 secretos de la gente exitosa
9 things successful people do differently

Original work copyright © 2012 Harvard Business School Publishing Corporation
All rights reserved.

© **Editorial Reverté, S. A., 2021, 2022**
Loreto 13-15, Local B. 08029 Barcelona – España
revertemanagement.com

4ª impresión: febrero 2022

Edición en papel
ISBN: 978-84-17963-25-5

Edición ebook
ISBN: 978-84-291-9614-6 (ePub)
ISBN: 978-84-291-9615-3 (PDF)

Editores: Ariela Rodríguez / Ramón Reverté
Coordinación editorial y maquetación: Patricia Reverté
Traducción: Genís Monrabà Bueno
Revisión de textos: M.ª del Carmen García Fernández

Impreso en España – *Printed in Spain*
Depósito legal: B 6300-2021

Impresión: Masquelibros
Barcelona – España

52

Contenidos

Introducción

¿Por qué *algunas* veces tienes éxito y otras no? Si desconoces el motivo, tu problema es el mismo que el de mucha gente. Incluso las personas más brillantes y exitosas no saben con exactitud qué explica sus éxitos o sus fracasos. La primera respuesta que nos viene a la cabeza —es decir, que nacemos con unos talentos y unas debilidades programados— apenas es una pieza del rompecabezas. En realidad, décadas y décadas de investigación al respecto sugieren que la gente con éxito no alcanza sus objetivos personales y profesionales por ser quienes *son*, sino por lo que *hacen*.

Este libro trata sobre los 9 secretos de la gente exitosa. Es decir, las estrategias que utilizan (a veces sin darse cuenta) para fijar y alcanzar los objetivos que, según la literatura de investigación, ejercen más influencia en su rendimiento.[1] Los psicólogos que, como yo, estudian la motivación, han llevado a cabo miles de estudios para identificar tales estrategias y probar su eficacia y sus límites. La buena noticia es que se trata de tácticas simples y fáciles de aplicar. Al leer este libro, vivirás muchos de esos momentos reveladores en los que exclamas: «¡Cómo no me he dado cuenta antes!», «Esto tiene mucho sentido» o «No tenía la menor idea de esto». Por eso, cuando lo acabes no solo habrás adquirido una nueva perspectiva sobre lo que hacías a diario, sino que podrás identificar los errores que te desviaban de tus objetivos. Además, desde ya puedes empezar a sacar partido de todo este conocimiento.

Capítulo 1
Fija objetivos específicos

Cuando te marques un objetivo, intenta que sea lo más específico posible. Por ejemplo, «perder 3 kilos» es una meta más razonable que «adelgazar», así en general, porque te proporciona una idea definida de lo que significa el éxito. Y es que saber lo que quieres conseguir mantendrá alta tu motivación hasta que logres tu fin. Además, concreta las acciones necesarias para alcanzar tu meta. Promesas como «comer menos» o «dormir más» son ambiguas; procura utilizar expresiones claras y precisas. Así, por ejemplo, «entre semana me iré a la cama a las

22 h» no deja lugar a dudas sobre qué tienes que hacer y si has cumplido tu objetivo o no.

Siempre que pregunto a la gente cuáles son sus objetivos, suelen responder cosas como: «progresar en el trabajo», «comer más sano» o «gastar menos y ahorrar más». Entonces les digo: «Está bien, pero ¿cuál es tu meta exactamente? ¿Cómo sabrás que la has alcanzado?». En esas ocasiones, lo habitual es que guarden silencio y me miren con un gesto de confusión; luego me responden algo así como: «Vaya, no había pensado en eso».

Tomarse tiempo para concretar y detallar lo que quieres lograr evita la posibilidad de conformarse con poco, es decir, de que te contentes porque lo has hecho «bastante bien». Además, también despeja de dudas el camino o procedimiento. Por ejemplo, «llevarme mejor con mi madre» es un objetivo que no deja claro qué debes hacer para alcanzarlo. En cambio, si fijas una meta más específica, como «hablar con mi madre al menos dos veces a la semana», sabrás perfectamente qué tienes que hacer y cuándo hacerlo. Como dije antes, innumerables estudios han demostrado que ser específico es uno de los pasos determinantes (pero ignorados) para cumplir cualquier objetivo.[1]

Así pues, en vez de aspirar a «progresar en el trabajo», marca un objetivo más concreto, como: «un aumento de sueldo de al menos _____€» o «ascender hasta _____». Si lo que se persigue es un concepto indefinido o vago, resultará demasiado tentador tomar atajos cuando te encuentres en una situación de cansancio, desmotivación o aburrimiento. En cambio, si has establecido un objetivo específico no hay manera de autoengañarte: sabes cuándo lo has alcanzado y cuándo no. Y, si no lo has hecho, no tendrás más remedio que aguantar y seguir intentándolo.

Pero especificar lo que quieres lograr tan solo es el primer paso. El siguiente consiste en actuar del mismo modo con los obstáculos que te encontrarás en el camino. En otras palabras, necesitas proyectar la meta y también cada uno de los pasos que debes seguir para llegar a ella. Esta estrategia se denomina *contraste mental*, y es una forma bastante efectiva de fijar objetivos y fortalecer tu compromiso.

Para utilizar la técnica del contraste mental, en primer lugar imagina qué sentirás cuando hayas cumplido tus objetivos. Visualízalo con tanta claridad como puedas, prestando atención a cada detalle. En segundo lugar, piensa en las dificultades que se interponen en tu camino. Por ejemplo, si quieres un trabajo más cualificado y mejor pagado, empieza imaginando el orgullo y el entusiasmo que experimentarías aceptando la lucrativa oferta de una gran empresa. Luego imagina a los demás candidatos que se presentarán para el mismo puesto. Como resultado, ¿no sientes que debes mejorar tu currículo?

A esto se le llama experimentar la *necesidad de actuar*, un estado indispensable para alcanzar tus objetivos, porque activa ciertos engranajes de tu cerebro. Fantasear sobre lo maravilloso que sería conseguir ese trabajo puede ser muy placentero, pero no hará que te ofrezcan ningún contrato. En cambio, el contraste mental sí convierte los deseos en realidad, porque clarifica y fija tu atención en lo que necesitas hacer para que lo demás ocurra.

En las investigaciones que mis colegas y yo hemos llevado a cabo —analizando distintas situaciones, como las de los adolescentes que se preparan para la selectividad, los profesionales de recursos humanos que tratan de mejorar la gestión de su tiempo, los solteros que buscan la pareja más adecuada o las enfermeras de pediatría que aspiran a establecer una mejor comunicación con los padres— los resultados siempre son los mismos: el contraste mental logra incrementar el esfuerzo, la energía, la organización y el porcentaje de éxito en cualquier proyecto.[2] En otras palabras, dedicar unos instantes a proyectar en tu mente el futuro que quieres y los obstáculos que tendrás que superar para llegar a él te ayudará a encontrar tanto la dirección correcta como la motivación necesaria para tener éxito.

Aplicación práctica
Fija objetivos específicos

1. Escribe tu objetivo.

> Ejemplo A: mi objetivo es progresar en el trabajo.
> Ejemplo B: mi objetivo es perder peso.

2. Pregúntate: «¿Cómo sabré cuándo lo he alcanzado?». Describe entonces la situación que debe darse para que *sepas* que has llegado a tu meta.

> Ejemplo A: «Habré alcanzado mi objetivo cuando me asciendan a la dirección general de la empresa».

Ejemplo B: «Sabré que he perdido peso cuando pueda ponerme mis pantalones ajustados».

3. Revisa el primer punto y escribe de nuevo el objetivo, añadiendo la información del segundo.

Ejemplo A: «Mi objetivo es *ascender a la dirección general de la empresa*».
Ejemplo B: «Mi objetivo es *poder ponerme mis pantalones ajustados*».

4. Ahora es el momento de utilizar la técnica del contraste mental. Piensa en dos aspectos positivos de llegar a tu meta y en dos obstáculos que puedes encontrar en el camino.

Ejemplo A:
Aspectos positivos:
Ganaré más dinero.

Tendré más influencia en las decisiones de la empresa.

Obstáculos:

Uno de mis compañeros de trabajo aspira al mismo ascenso.

No sé con seguridad cuál es el perfil que está buscando mi jefe para ese puesto.

5. Empieza con el primer aspecto positivo y escribe unas cuantas frases que describan cómo será la experiencia. Luego, detalla el primer obstáculo que puede presentarse y analiza por qué supone un problema. Repite el proceso con el segundo aspecto positivo.

¿Cómo te sientes? Si crees que tienes muchas posibilidades de alcanzar tu objetivo, tu actitud debería ser de energía y decisión. *¿Cuál es el siguiente paso?* La técnica del contraste mental debería ayudarte a definir tus próximos pasos.

Capítulo 2
Aprovecha las oportunidades de actuar para alcanzar tu objetivo

Si consideramos la cantidad de objetivos que tenemos en mente y el poco tiempo del que disponemos, no es de extrañar que cada día desaprovechemos oportunidades de actuar para alcanzarlos. Sencillamente, no nos damos cuenta de ello. ¿No has tenido tiempo para hacer ejercicio? ¿Tampoco para devolver esa llamada? Cumplir tus objetivos implica atrapar estas oportunidades antes de que se te escapen de las manos.

Y, si quieres hacerlo, es fundamental programar dónde y cuándo llevarás a cabo cualquier acción relacionada con tu objetivo. De nuevo, intenta la máxima concreción posible. Por ejemplo: «Lunes, miércoles y viernes haré treinta minutos de ejercicio antes de ir a trabajar». La investigación confirma que este tipo de planificación permite que tu cerebro detecte y aproveche las oportunidades cuando aparecen, incrementando las posibilidades de éxito en un 300 %.

La mayoría de la gente no usa todo su potencial. Lo habitual es que pretendamos lograr una gran concentración en las tareas más importantes y, además, emplear el tiempo de la mejor forma posible. Sin embargo, la mayoría de las veces, en vez de centrar la atención en los objetivos, perdemos el tiempo con los compañeros, nos quedamos atascados en la bandeja de entrada del correo o dedicamos demasiado tiempo a los pormenores de un proyecto.

Y es que el simple deseo de mejorar la productividad no es suficiente; hay que encontrar una forma efectiva de lidiar con las distracciones e interrupciones, así como con el hecho de estar pendiente de demasiados asuntos a la vez. Por fortuna, existe una estrategia muy simple que ha demostrado ser muy útil.

Se llama planificación «**si... entonces**», y es una poderosa herramienta que te ayudará a alcanzar tus objetivos. Más de un centenar de estudios en los que se han analizado metas como perder peso, hacer ejercicio o gestionar mejor el tiempo han demostrado que planificar *cuándo* y *dónde* se tomarán las medidas específicas para llegar a ese fin (por ejemplo: «Si son las 16 h, entonces responderé las llamadas telefónicas») puede duplicar o triplicar las posibilidades de éxito.[1] Es decir, que hacer planes siguiendo la estructura «**si... entonces**» quizá sea lo más efectivo para asegurar el éxito en tus proyectos.

La planificación *si... entonces* funciona de este modo:

Si ocurre **X**, entonces haré **Y**.

Por ejemplo:

Si no he redactado el informe antes de comer, *entonces* será lo primero que haga cuando vuelva al trabajo.

Si pierdo el tiempo charlando con mis compañeros, *entonces* limitaré esas conversaciones a cinco minutos y volveré al trabajo.

Si son las 18 h, ***entonces*** iré a entrenar una hora en el gimnasio de la empresa antes de marcharme a casa.

Pero ¿es de verdad eficaz este tipo de planificación? Para saberlo, se analizó en un estudio a una serie de personas que pretendían cambiar de hábitos y hacer ejercicio de forma regular.[2] A la mitad de los participantes se les pidió que planearan dónde y cuándo harían ejercicio entre semana (por ejemplo, «si es lunes, miércoles o viernes, entonces iré al gimnasio una hora antes del trabajo»). Los resultados fueron incontestables: unas semanas más tarde, el 91 % de los participantes que habían utilizado la planificación *si... entonces* seguían haciendo ejercicio de forma regular, mientras que el 61 % de quienes no usaron esa fórmula habían fracasado en el intento. Los resultados fueron parecidos en otros estudios relacionados con el cuidado de la salud, que analizaban acciones como acudir a las pruebas de detección del cáncer de mama (el 100 % de las que utilizaron la fórmula respetaron esos controles y solo lo hizo el 53 % de las que no lo planificaron) o del cáncer de cuello uterino (se dio un 92 % de éxito para las mujeres que habían programado esa cita, frente a un 60 % de las que no lo hicieron).

En realidad, ¿por qué es tan efectivo este método? La respuesta es simple: porque habla el mismo idioma que tu cerebro: el lenguaje *de las posibilidades*. Los seres humanos somos particularmente hábiles para codificar y recordar información del tipo «si X, entonces Y» y para, más tarde, utilizar tales posibilidades con el fin de guiar el propio comportamiento, a menudo de forma inconsciente.

Una vez que has formulado un plan *si...
entonces*, tu inconsciente empieza a rastrear
el entorno en busca de tus premisas relacio-
nadas con el «si» de tu plan. Esto te permitirá aprovechar las oportunidades que se
presentan en el momento adecuado («¡Son
las 4 de la tarde! Será mejor que devuelva
esas llamadas"), incluso cuando estés ocu-
pado haciendo otras cosas.

Como has programado lo que debes
hacer, podrás ejecutar tu plan de forma
inconsciente o al menos ahorrándote el
tiempo de pensar en él. A veces el proceso es
totalmente consciente, pero la gran diferencia surge cuando no te das cuenta de que
estás siguiendo tu plan, porque significa que
puedes hacerlo mientras te preocupas por
otras cosas, y eso es muy útil.

Así pues, si te percatas de que días tras día
dejas de lado demasiadas tareas importantes

y necesitas implantar nuevos hábitos para gestionar tu tiempo y beneficiarte de las oportunidades presentes para lograr tus objetivos, no busques más: prueba este sencillo método. Usando la fórmula *si... entonces* para abordar tus metas no añadirás más horas a tus días... pero tendrás la impresión de que sí lo haces.

Aplicación práctica
Hacer planes *si... entonces*

1. Identifica una acción necesaria para alcanzar tu objetivo.

2. Pregúntate cuándo y dónde deberías llevarla a cabo. ¿Cuál es la situación que quieres abordar?

3. Formula las premisas:

   Si (o cuando) _____,
   entonces _____

Ejemplo: «Cuando sean las 8 de la mañana del lunes, entonces iré a correr».

4. Ahora piensa en algún contratiempo que podría surgir: una distracción, una tentación o cualquier factor que quizá interfiera en tu avance.

5. Cuando aparezca esta distracción o tentación, ¿cómo la gestionarás? ¿Qué harás al respecto?

6. Escribe la fórmula completa:

Si (o cuando) _____,
entonces_____.
Ejemplo: «Si un compañero me manda un correo electrónico que me pone de mal humor, entonces dejaré pasar treinta minutos para tranquilizarme antes de responderle».

Capítulo 3
Averigua cuánto camino
te queda por recorrer

Para alcanzar cualquier objetivo es necesario evaluar con regularidad los propios avances con la ayuda de alguien; o, si no es posible, uno mismo. Si no sabes lo que estás haciendo bien, no podrás ajustar tu comportamiento o tus estrategias de forma adecuada. Revisa tu progreso con frecuencia; cada semana o, dependiendo del objetivo, a diario.

Por otra parte, no es posible mantener la motivación sin *feedback*. Nadie se siente cómodo trabajando a ciegas. Fundamentalmente, esto es el resultado de la manera en que nuestro cerebro está configurado. De forma inconsciente nos damos cuenta de la existencia de una discrepancia entre lo que somos ahora y lo que queremos ser. Cuando el cerebro detecta esa diferencia, reacciona asignando recursos para poder paliar esa brecha: atención, esfuerzo, procesamiento más profundo de la información y fuerza de voluntad.

Por eso, si no tienes ni idea de lo bien que lo estás haciendo o dónde te encuentras respecto de tu objetivo, no serás capaz de concretar esa discrepancia. En consecuencia, tu motivación disminuirá o incluso desaparecerá por completo. Porque dicha discrepancia es lo que te lleva a actuar; sin ese impulso, *nada puede cambiar.*

Otro aspecto importante del *feedback* es que, cuando te marcas una meta, resulta indispensable recibirlo con frecuencia para tener claro tu desarrollo. En caso de que nadie pueda ofrecértelo, tendrás que buscar la forma de autoevaluarte.

No existe una fórmula exacta para determinar la frecuencia con la que debes llevar a cabo esta evaluación; dependerá de la *duración del proceso hacia tu objetivo* (por ejemplo, ¿quieres cumplirlo esta semana, este año o de aquí a cinco años?). Para las metas a largo plazo es mejor dejar más tiempo entre evaluaciones. Sin embargo, si son a corto plazo deberás evaluar tus progresos con más frecuencia, para asegurarte de que vas por buen camino; cuanto menos tiempo dejes pasar entre evaluaciones, menos margen habrá para los errores.

Además, en general el *feedback* depende de tu posición en la *curva de aprendizaje*. Investigaciones recientes[1] demuestran que no hay que hacer demasiadas autoevaluaciones cuando se está aprendiendo algo; esto es así porque desviar la atención de la tarea para procesar el *feedback* es más complicado cuando se trata de actividades nuevas, con las que no hay familiaridad, ya que se crean demandas cognitivas y emocionales que pueden interferir en el aprendizaje o el rendimiento. Así que evita autoevaluarte hasta tener un conocimiento suficiente sobre lo que estás haciendo o deberías hacer.

Pero, si la autosupervisión o la búsqueda de *feedback* es tan importante, ¿por qué suele ser tan poco común? En primer lugar, obviamente, porque supone un esfuerzo extra; hay que dejar de hacer lo que se está haciendo y focalizarse en el análisis de los propios avances. Además, las conclusiones no siempre son positivas. Y es que a menudo evitamos cualquier tipo de evaluación porque no queremos afrontar la realidad de nuestros escasos avances (¿nunca has ignorado la báscula cuando estás a dieta?). Por lo que el autocontrol requiere mucha fuerza de voluntad (más adelante se hablará de ello). Pero es posible que esto sea más llevadero si usas la planificación *si... entonces* para organizar tus evaluaciones.

Hay otro aspecto esencial sobre la evaluación del propio desarrollo. Si la haces de forma correcta, mantendrás alta tu motivación de principio a fin; si no, puedes tener una sensación prematura de éxito que disminuirá tu motivación. En sus estudios más recientes, los psicólogos Minjung Koo y Ayelet Fishbach, de la Universidad de Chicago, han analizado los efectos de centrarse en las mejoras logradas (*to-date thinking*) o en lo que queda por hacer (*to-go thinking*).[2] La gente suele usar uno de estos dos planteamientos para evaluar sus progresos. Así, un corredor de maratones pensará en los kilómetros que ha dejado atrás o en los que le quedan por recorrer para llegar a la meta; una persona que está a dieta porque quiere adelgazar 15 kilos puede luchar contra la tentación recordando los 10 kilos que ya ha perdido o los 5 que le faltan.

Ambas estrategias tienen sus ventajas, pero focalizarse en el pensamiento *to-date*, es decir, en lo que ya has logrado, en realidad debilitará tu motivación para alcanzar la meta en lugar de mantenerla.

Los trabajos de Koo y Fishbach muestran con firmeza que cuando perseguimos un objetivo y consideramos lo lejos que hemos llegado experimentamos una sensación de éxito prematura y, como consecuencia, nos relajamos. En uno de sus estudios, un grupo de universitarios que preparaban un importante examen se mostraron más motivados tras anunciarles que les quedaba el 52 % de la materia por estudiar, en comparación con los que recibieron la noticia de que ya habían completado el 48 %.

En otras palabras, cuando nos centramos en lo avanzado es más probable que sintamos una conformidad tal que nos permita afrontar muchos proyectos, pero que nunca nos llevará directamente hacia la meta.

En cambio, si nos fijamos en lo que nos queda por recorrer (empleando el pensamiento *to-go*) no solo mantendremos la motivación, sino que esta se incrementará.

Por lo tanto, cuando evalúes tus avances, enfócate en el objetivo y nunca te felicites demasiado por un trabajo a medio hacer. Guárdate la satisfacción para cuando la tarea esté finalizada (y bien hecha).

Aplicación práctica
Evalúa tu progreso

1. Decide con qué frecuencia evaluarás tus progresos. Es posible que necesites usar el método de ensayo y error; no te sorprendas si los resultados te llevan a fijar una mayor o menor frecuencia en el futuro.

2. Determina de dónde y cómo obtendrás la información para valorar tus avances. ¿Puedes autoevaluarte o necesitas la

opinión objetiva y la experiencia de otra persona?

3. Ponte recordatorios para tus evaluaciones. Puedes usar un calendario, notas o crear una planificación *si... entonces* para evaluar con regularidad tu desarrollo. No lo dejes en manos de tu memoria; seguro que tus múltiples ocupaciones te impedirán acordarte.

4. Para mantener alta la motivación, finaliza las evaluaciones pensando en lo que te queda por hacer para alcanzar tu objetivo, es decir, en la distancia que te separa de la meta más que en la que ya has recorrido.

Capítulo 4
Conviértete en una persona optimista-*realista*

Cuando te propongas un objetivo, no dudes en pensar de manera positiva en las posibilidades que tienes de conseguirlo. Es decir, creer en tu capacidad para lograr un objetivo es indispensable para generar y mantener una motivación adecuada. En cualquier caso, nunca subestimes las dificultades que hallarás en el camino. Muchos de los objetivos que valen la pena requieren tiempo, organización, esfuerzo y perseverancia. Los estudios demuestran que pensar que se van a cumplir con facilidad hace que no nos preparemos como es debido para afrontar el proceso e incrementa de forma significativa las probabilidades de fracasar.

Existen muchos libros de superación personal y oradores motivacionales que comparten un mensaje exageradamente superficial: confía en que el éxito te llegara fácilmente, y *así sucederá*. Por desgracia, hay un pequeño problema con este argumento: es completamente falso.

De hecho, no solo es inútil visualizar un «éxito sin esfuerzo», sino que además es desastroso. En realidad, se trata de un buen consejo si lo que pretendes es sabotear tus planes; es más bien una *receta* para el fracaso. Y no, no estoy exagerando.

¿Cómo es posible?, te preguntarás. ¿Acaso el optimismo no es positivo? Sí, en efecto, tanto el optimismo como la autoconfianza que este provoca son esenciales para generar y mantener la motivación necesaria para conquistar cualquier meta. Las personas optimistas gozan de mejor salud, se recuperan más rápido de una enfermedad, padecen menos depresiones, son mejores planificando y se adaptan más rápido a las adversidades y los desafíos.

Si lo pensamos bien, no es de extrañar. Hace unas décadas, Albert Bandura, un científico muy influyente en la psicología del aprendizaje, descubrió que uno de los mejores predictores de los éxitos individuales era el hecho de que los sujetos *confiasen* o no en la consecución de sus objetivos. Tras miles y miles de experimentos, nadie ha refutado todavía su afirmación.

Pero hay una salvedad importante que a menudo se pasa por alto: para tener éxito hay que entender la diferencia fundamental entre *creer que tendrás éxito* y creer que alcanzarás el éxito *con facilidad*. En otras palabras, la diferencia entre ser una persona optimista *realista* y una optimista *no realista*.

Los optimistas-realistas (a los que se refiere Bandura) creen en su éxito, pero también son conscientes de que *tienen que hacer que el éxito llegue* mediante el esfuerzo, la perseverancia, la organización y la elección de las estrategias correctas. Reconocen la importancia de reflexionar de forma seria sobre cómo gestionar posibles obstáculos. Además, esta preparación incrementa la confianza en sus habilidades para resolver problemas y alcanzar sus objetivos.

Por otro lado, los optimistas no realistas creen que el éxito *está reservado para ellos*; es decir, que el universo recompensará su optimismo o que, de alguna manera, se transformarán de la noche a la mañana en un tipo de persona para quien los obstáculos no existen (olvidando que hasta el mismo Superman tenía problemas para resistir al efecto de la kryptonita, mantener su identidad secreta, o establecer relaciones personales).

Uno de los ejemplos más ilustrativos de los peligros que comporta ser un optimista no realista lo encontramos en un estudio que analizaba las estrategias para perder peso.[1] La psicóloga Gabriele Oettingen preguntó a un grupo de mujeres con obesidad, que se habían inscrito en un programa de adelgazamiento, cuántas probabilidades tenían de alcanzar su objetivo. Los resultados, como se esperaba, demostraron que las que habían confiado en sus habilidades perdieron 11 kilos más que quienes dudaron de su éxito.

Pero Oettingen también les preguntó cómo se imaginaban su camino hacia el éxito; es decir, si pensaban que les costaría resistir la tentación o que no tendrían problemas para contenerse ante los donuts gratis de una sala de conferencias o un segundo viaje al bufé libre. Los resultados fueron asombrosos: las mujeres que creían que tendrían éxito con facilidad perdieron 10 kilos menos que las que pensaron que el camino hacia la pérdida de peso no sería «un paseo militar».

Oettingen halló el mismo patrón de comportamiento en otros estudios sobre universitarios que buscaban trabajos bien remunerados,[2] personas solteras que querían encontrar el amor de su vida y mayores en proceso de recuperación de una cirugía de cadera. Los optimistas-realistas encontraron mejores trabajos, fueron capaces de reunir el valor necesario para embarcarse en una relación prometedora y se esforzaron más para recuperarse de la intervención quirúrgica. Todos ellos, además, obtuvieron un porcentaje de éxito más elevado.

Creer que el camino hacia los objetivos es duro garantiza más probabilidades de éxito porque obliga a tomar la iniciativa. Las personas que confían en alcanzar su meta y están convencidas de que el camino no será fácil piensan en cómo hacer frente a los problemas antes de que surjan y perseveran más tiempo cuando aparecen las dificultades.

En cambio, los optimistas no realistas no acostumbran a prever los contratiempos que pueden aparecer en el camino hacia sus objetivos. Además, tienden a asumir más riesgos sin considerar las consecuencias y no tienen problema en resaltar tu negatividad cuando les señalas los posibles obstáculos, expones tus reservas o reflexionas demasiado tiempo sobre algún hipotético problema. En realidad, estas prevenciones son necesarias para el éxito de cualquier proyecto y no están reñidas con la confianza o el optimismo. En cambio, concentrarte solo en lo que quieres, excluyendo todo lo demás, es una actitud naíf e insensata que ha llevado a muchos líderes (y empresas) a fracasar y quedar en entredicho.

En resumen, mi recomendación es que fomentes tu optimismo realista combinando una actitud positiva con una honesta evaluación de los desafíos que quizá te aguarden. No visualices solo el éxito, sino también los pasos que debes seguir para convertirlo en realidad.

Aplicación práctica
Conviértete en una persona optimista-realista

1. Quizá la única forma eficaz de incrementar tu confianza sea reflexionar sobre los éxitos pasados. Siempre que puedas, tómate un tiempo para recordar (con tanta viveza como sea posible) algunos de tus triunfos y los obstáculos que superaste para lograrlos. También puedes enunciar este pensamiento con la fórmula *si... entonces*. Así, por ejemplo: Si dudo de mí, entonces recordaré la ocasión en la que yo _____. Muchos

estudios han demostrado que se trata de una estrategia muy eficaz para incrementar la confianza tanto en el caso de los estudiantes ante un examen importante como para los atletas antes de competir.[3]

2. Para mantener tu optimismo desde un punto de vista realista, piensa con detenimiento en los obstáculos, dificultades y pasos atrás a los que te puedes enfrentar en tu búsqueda del éxito. Es muy importante que visualices cómo gestionarás cada desafío. Es decir, si tu primera estrategia no funciona, ¿cuál será la segunda opción? (Este es otro momento perfecto para usar la fórmula *si...entonces*). Recuerda, no es *negativo* pensar en los problemas que se pueden presentar; más bien es una *tontería* no hacerlo.

Capítulo 5
En lugar de *hacerlo bien,*
enfócate en *mejorar*

Confiar en tus capacidades para alcanzar una meta es importante, pero también lo es para *desarrollar* nuevas habilidades. Muchos creemos que nuestra inteligencia, personalidad o aptitudes físicas son limitadas, es decir, que no podemos mejorarlas por mucho empeño que pongamos. En consecuencia, nos fijamos objetivos que en cierto modo nos ponen a prueba, pero descartamos aquellos que nos ayudarían a adquirir nuevas habilidades o desarrollar otras que ya tenemos.

Por suerte, décadas de investigación sugieren que esa idea de que nuestras habilidades son limitadas es errónea. Cualquier habilidad es maleable; y aceptar que puedes aprender y cambiar te permitirá tomar mejores decisiones y lograr tu máximo potencial. Las personas que tienen como objetivo mejorar, en lugar de simplemente hacer las cosas bien, no se detienen cuando encuentran alguna dificultad en el camino y, además, valoran el viaje tanto como el destino.

Mientras que algunos trabajadores pueden estar deseando afrontar nuevos retos, confiando en que les ayude a ascender en la jerarquía de su empresa, muchos otros intentan simplemente sobrevivir sin cometer ningún desliz importante. Es comprensible que responsabilizarse de algo nuevo y desconocido resulte intimidante; y las probabilidades

de cometer un error aumentan drástica-
mente cuando no se tiene experiencia. Por
eso, no es de extrañar que una «nueva» tarea
se reciba con tan poco entusiasmo.

Pero entonces, ¿cómo puedes motivarte
para afrontar con energía y confianza nuevas responsabilidades? La respuesta es sen-
cilla, aunque quizá te sorprenda: concédete
permiso para meter la pata.

Entiendo que no te apasione esta idea;
seguro que pensarás: «Si cometo un error,
pagaré las consecuencias». Pero en realidad
no debes preocuparte, porque numerosos
estudios demuestran que cuando la gente se
permite un margen para cometer errores es
menos probable que los cometa. Te lo expli-
caré mejor.

Cualquier tarea se puede afrontar con uno
de los dos siguientes tipos de objetivo: los

que yo llamo *objetivos de desempeño* —en los que uno se centra en demostrar su grado de habilidad y sabe lo que tiene que hacer— y los *objetivos de mejora*, para los que lo importante es desarrollar las propias capacidades y aprender a dominar una nueva habilidad.

El problema con los *objetivos de desempeño* es que suelen ser contraproducentes cuando nos enfrentamos a algo desconocido o difícil. Es habitual que entonces nos invada la sensación de no saber qué hacer, que nos faltan las habilidades necesarias; como consecuencia, aparece la ansiedad. E incontables estudios han mostrado que no hay nada tan nocivo para el rendimiento como la ansiedad; literalmente, aniquila la productividad.

En cambio, los *objetivos de mejora* son a prueba de balas. Cuando afrontamos cualquier actividad en términos de aprendizaje y admitimos que es posible cometer algunos errores en el proceso, la motivación permanece intacta a pesar de los contratiempos.

Por ejemplo, en un estudio que llevé a cabo hace unos años en la Universidad de Lehigh con Laura Gelety ambas descubrimos que quienes afrontaban los retos como *objetivos de desempeño* (por ejemplo, demostrar sus conocimientos) obtenían resultados muy pobres al aumentar la dificultad de una prueba de resolución de problemas mediante interrupciones frecuentes o añadiendo algunos problemas sin solución.[1]

Pero lo asombroso fue que los participantes que concebían la prueba como un *objetivo de mejora* —es decir, que la consideraban una oportunidad para aprender algo— no se vieron afectados por ninguna de nuestras trampas; daba igual la dificultad que estas añadieran a la ecuación: esos participantes se mantuvieron motivados y solucionaron los problemas de forma correcta.

Cuando la mayoría de nosotros afronta un nuevo proyecto u objetivo, tenemos la esperanza de que no requiera mucho esfuerzo; porque estamos orientados a *hacerlo bien* y la posibilidad de no cumplir nuestras expectativas es terrorífica. Resulta irónico, pero esa presión que supone centrarnos en *hacerlo bien* genera muchos más errores y empeora más el rendimiento que afrontar los objetivos con la voluntad de *mejorar*.

Pero eso no es todo. La investigación también evidencia que *enfocarse en mejorar* enriquece la experiencia de trabajo; sin duda, es más interesante y agradable hacer algo si se piensa en ello en términos de progreso que de perfección. Y no creas que el interés en el trabajo es un lujo, porque *no* lo es. Más bien es un poderoso elemento motivacional. Encontrar interesante lo que haces y creer que tiene un valor intrínseco (más que meramente instrumental) es una de las formas más efectivas de mantener la motivación a pesar de las dificultades, los contratiempos y los imprevistos. De hecho, algunos estudios recientes han concluido que el interés no solo nos mantiene activos pese al cansancio, sino que además nos recarga de energía.

En una ocasión los psicólogos de la CSU prepararon un experimento cuyos participantes debían ocuparse en primer lugar de una tarea bastante agotadora.[2] Una vez acabada esa, debían afrontar otra; pero esta vez la tarea podía ser difícil, pero interesante, o bien fácil, pero aburrida. Los resultados mostraron que los participantes que llevaron a cabo tareas interesantes que requerían un mayor esfuerzo lo hacían mucho mejor (a pesar del cansancio) que quienes tuvieron que asumir la tarea aburrida que parecía más fácil. En otras palabras, los sujetos que mostraron interés en su trabajo recuperaron la energía y obtuvieron una ventaja considerable respecto a los demás.

En otro estudio similar se descubrió que sentir interés por una primera tarea mejoraba el rendimiento en las *posteriores*. En otras palabras: no solo lo haces mejor en la tarea A porque te resulta interesante, sino que también lo haces mejor en la tarea B *porque la tarea A ha sido interesante*. Es decir, la energía renovada en la tarea A fluye hacia todo lo que hagas a continuación.

Por cierto, ambos estudios compararon además los efectos del interés y del estado de ánimo, y descubrieron que, si bien los participantes «cargaban las pilas» con un estado de ánimo positivo, mostraban mucha más energía cuando tenían interés en lo que hacían. Es por esto por lo que estar comprometido con tu trabajo es la mejor manera de conservar el depósito de energía a un buen nivel.

Por tanto, recuerda tomarte la libertad de no querer hacerlo todo a la perfección desde el principio. Y sé consciente de que existe una curva de aprendizaje que mejorará tu rendimiento con el tiempo, porque eso evitará que te dejes llevar por la ansiedad. Si sigues este consejo tendrás un mayor compromiso con tu trabajo y no solo ganarás motivación para alcanzar tus objetivos, sino que también reducirás de forma drástica las posibilidades de cometer errores.

Aplicación práctica
En lugar de *hacerlo bien*,
enfócate *en mejorar*

1. Cuando un proyecto sea difícil y nuevo para ti, recuerda que hacerte con él te llevará cierto tiempo. Es posible que cometas algún error y no hay nada malo en ello.

2. Usa la experiencia de tus colegas como un recurso y no temas pedir ayuda cuando te topes con algún problema. Sin duda, la gente valorará tu esfuerzo.

3. No compares tu rendimiento con el de los demás, sino con tu *rendimiento anterior*. ¿Estás mejorando? Esta es la pregunta que importa. Si la respuesta es no, vuelve al paso 2.

Capítulo 6
Sé valiente

El valor es la voluntad de comprometerse con un objetivo a largo plazo y perseverar cuando surgen las dificultades. La investigación indica que las personas valientes adquieren más conocimientos y obtienen mejores calificaciones en la universidad. La valentía predice cosas como qué cadetes destacarán en el exigente primer año de la academia militar de West Point; también puede anticipar hasta dónde llegarán los participantes en el Concurso Nacional de Deletreo.

Incluso si no te consideras especialmente valiente, tengo una buena noticia para ti: existe una alternativa. Las personas que carecen de valor suelen creer que no poseen las habilidades innatas de la gente exitosa. Si es tu caso, no encuentro forma más suave de decírtelo: te equivocas. Como dije antes, el esfuerzo, la planificación, la perseverancia y las buenas estrategias son los factores determinantes para llegar al éxito. Aceptar esta forma de pensar no solo te ayudará a verte a ti y tus objetivos con más precisión, sino que también incrementará tu valentía.

Es cierto que nos impresiona presenciar un despliegue de habilidades, ya sea por parte de atletas profesionales, genios de la informática o las matemáticas, empresarios de éxito, músicos talentosos o extraordinarios escritores. Admiramos a esas personas porque apreciamos sus asombrosas facultades. Pero también, reconozcámoslo, las envidiamos un poco. Es difícil encontrar a alguien que no desee ser un poco más inteligente, tener mejores dotes comunicativas o desenvolverse mejor en ambientes sociales.

Los estudios llevados a cabo por la psicóloga de Stanford Carol Dweck revelan que todas las personas afrontan los problemas empleando una de las dos teorías existentes sobre la naturaleza de las habilidades.[1] Los «teóricos de la entidad» creen que el nivel que se puede alcanzar en cualquier habilidad es fijo y genético; piensan que su desarrollo es, hasta cierto punto, estable. Es decir, que cada individuo tiene una capacidad limitada de inteligencia (o creatividad, o encanto) y no hay nada que pueda hacer al respecto. He de decir que los seguidores de esta corriente están equivocados; las habilidades no funcionan de esa manera.

En cambio, los «teóricos del desarrollo y el incremento» creen que las habilidades son maleables, esto es, que pueden cambiar con el esfuerzo y la experiencia. Y, de acuerdo con las evidencias científicas, están en lo cierto. Si quieres, puedes desarrollar tus habilidades; solo necesitas el valor para hacerlo.

Y el valor —en el sentido en que se utiliza este término en psicología— es el compromiso y la perseverancia que se demuestra con los objetivos a largo plazo. Todos los estudios en los que se ha analizado el carácter de las personas de éxito —ya sean atletas,

músicos, matemáticos o inventores— revelan que la clave del triunfo y del desarrollo
de las habilidades es la práctica repetida y
voluntaria; en otras palabras, es necesario
dedicar miles y miles de horas para dominar
las habilidades y los conocimientos nece-
sarios para esas actividades. Este tipo de
práctica es imposible sin incluir la valentía
en la ecuación.

Ser valiente en este contexto implica no
rendirse nunca ante la adversidad; incluso
cuando aparezcan el cansancio, el desánimo
o el aburrimiento. Y la mejor manera de evitar tirar la toalla consiste en *saber explicar*
las dificultades que aparecen en el camino.
Es decir, cuando te topas con un problema,
¿a quién echas la culpa?

Los teóricos de la entidad suelen de-
positar esa responsabilidad en la *falta* de

habilidades: *si esto es difícil para mí, quizá es que no se me da bien.* Justo por eso carecen de valentía; se rinden demasiado pronto y refuerzan de manera involuntaria su (equivocada) creencia de que no pueden mejorar.

En cambio, los que creen en el desarrollo y el incremento suelen buscar las causas de los contratiempos en factores que pueden controlar —como la falta de esfuerzo, el uso de una estrategia errónea o las deficiencias en la planificación—. Cuando se encuentran con algún problema, lo afrontan *de cara*, con el convencimiento de que pueden desarrollar sus habilidades. Esta forma de actuar tiene su recompensa y proporciona logros mucho mayores a largo plazo.

Resulta sorprendente lo que muestran algunos estudios recientes: los creyentes en la teoría de la entidad no solo carecen del valor necesario para mejorar, sino que además cualquier mejoría incrementa su ansiedad porque (sin ser conscientes de ello) creen en realidad que *no es posible* mejorar.

Jason Plaks y Kristin Stecher, psicólogos de la Universidad de Toronto, plantearon a un grupo de estudiantes distintos problemas de razonamiento. Tras la primera ronda, todo el mundo obtuvo la misma calificación: se situaron en el percentil 61. A continuación, los participantes recibieron unas instrucciones para resolver los problemas que incluían diversos consejos y estrategias. Después de una segunda ronda, a algunos estudiantes se les dijo que su rendimiento no había cambiado, mientras que a otros se les comunicó que habían mejorado hasta situarse en el percentil 91.

Como no podía ser de otra forma, todos los que habían mejorado estaban satisfechos con su rendimiento, pero los teóricos de la entidad (convencidos de que esa mejoría no era posible) mostraron además un incremento significativo de la *ansiedad*. Por ello, en la tercera ronda de problemas quienes sentían más ansiedad tuvieron un rendimiento desastroso. De hecho, los estudiantes a quienes se transmitió que no habían mejorado y afrontaban los problemas con el enfoque de la entidad se desenvolvieron mejor que aquellos a los que se dijo que habían mejorado.

¿Entonces eso significa que, si no crees que puedas mejorar, sería mejor no mostrar ninguna mejoría? Bueno, yo no diría tanto. Todo el mundo agradece mejorar en algún aspecto de sus habilidades, pero para los teóricos de la entidad esa mejora suele ir acompañada de un incremento en la ansiedad. Y esa ansiedad, a su vez, perjudica el rendimiento futuro y erosiona la confianza en que los avances sean reales.

Analizando los resultados de estos estudios pude echar la vista atrás y entender algunos episodios de mi propia vida, como mi experiencia con el billar. Reconozco que no tengo ni idea de jugar al billar; en la universidad jugué un par de veces y fue un espectáculo lamentable. Enseguida rechacé el juego porque creía que no tenía la coordinación necesaria para practicarlo. Debo confesar, por cierto, que mi falta de coordinación no era algo nuevo para mí: cuando tenía diez años, mi hermano intentó enseñarme a atrapar una pelota al vuelo en el patio trasero de casa y el resultado fue...

que la atrapé con la cara y me rompí la nariz.

El caso es que hace poco salí con un chico que era aficionado al billar y una noche, en un bar, me convenció para jugar una partida con él. Esta vez, sin embargo, me dio algunos consejos antes de empezar: cómo sujetar el taco, cómo apuntar a la bola, etc. Entonces ocurrió algo sorprendente: jugué bien. De hecho, estuve muy cerca de ganarle la partida. Recuerdo sentirme eufórica por mi mejoría y al mismo tiempo asustada. ¿Había mejorado *de verdad*? ¿Cómo era posible? *Yo pensaba que no era buena en este tipo de cosas.* Creí que había sido un golpe de suerte.

Unos días más tarde echamos otra partida y me acerqué a la mesa de billar con un nerviosismo que nunca había

experimentado. Estaba incluso más nerviosa que cuando sabía que jugaba muy mal.
¿Qué me estaba ocurriendo? No tenía ni
idea. Y ese nerviosismo no fue precisamente
beneficioso para mi juego: fui incapaz de
meter una bola. Así que pensé: *la otra noche
tuve un golpe de suerte. Definitivamente, no
soy buena en este tipo de juegos.*

Es verdad que jugar al billar no es una habilidad que tenga repercusiones importantes
para mi vida. Pero ¿y si lo fuera? ¿Qué pasaría
si en vez de referirme al billar hubiera hablado
de mi habilidad para las matemáticas? ¿O
para usar programas informáticos complejos,
redactar textos, ser una buena líder, ser creativa, asumir riesgos o mejorar mis habilidades sociales? ¿Qué pasaría si pensara que no
puedo ser mejor cuando me enfrento a algo
que *importa de verdad*?

La conclusión de todos estos estudios es que no importa qué tipo de oportunidades de aprendizaje se te presenten, lo más probable es que no percibas mejoría si en el fondo no crees que sea posible aprender. Simplemente, no tendrás la valentía suficiente para aceptarlo. Si piensas que mejorar es imposible no tiene sentido intentarlo, sobre todo cuando las cosas se ponen feas. Así, creer que no puedes modificar tus habilidades se convierte en una profecía autocumplida; y las dudas que eso supone sabotearán cualquier proyecto al que te enfrentes.

Por tanto, si quieres tener éxito y alcanzar tu máximo potencial, **es fundamental que *analices* tus creencias y que, cuando sea necesario, las *pongas a prueba*.** Cambiar siempre *es* posible y la ciencia es rotunda al respecto: no hay ninguna habilidad que no pueda desarrollarse o mejorar con la experiencia. Así que la próxima vez que pienses: «Esto no se me da bien», acuérdate de que no se te da bien *todavía*.

Aplicación práctica
Sé valiente

1. ¿Hay algún aspecto en tu trabajo que creas que no se te da bien, para el que no tengas ninguna habilidad? Tómate un tiempo para pensar en ello con honestidad.

2. En el fondo, ¿crees que puedes *mejorar* en ese aspecto o que te quedarás en ese nivel de forma irremediable? Si escoges la segunda opción, he de decirte que estás cometiendo una grave injusticia contigo,

porque es falsa. Recuerda: *siempre* es posible mejorar.

3. Así pues, ¡desafía el pensamiento de los teóricos de la entidad siempre que sucumbas a este tipo de ideas! Cuando te centras en mejorar y desarrollar tus habilidades demuestras que tienes valentía para alcanzar tus objetivos.

Capítulo 7
Desarrolla el músculo de la fuerza de voluntad

El autocontrol funciona como cualquier otro músculo del cuerpo; si no se ejercita, se va debilitando. En cambio, si se trabaja de manera regular y con los ejercicios correctos, se desarrollará y se volverá más fuerte, y así podrá ayudarte a lograr tus metas.

Para desarrollar tu fuerza de voluntad ponte un reto: plantéate hacer algo que preferirías no hacer. Por ejemplo, no comer más bocadillos hipercalóricos, hacer cien abdominales diarias, mantener recta la espalda al sentarte a trabajar o tratar de aprender una nueva habilidad. Entonces, sea la actividad que sea, cuando estés a punto de tirar la toalla... no lo hagas. Empieza con una sola actividad y genera un plan para afrontar los problemas que puedan presentarse: «Si tengo el antojo de comer un bocadillo, entonces me comeré una pieza de fruta o un puñado de frutos secos». Al principio será difícil, pero con el tiempo cada vez te resultará más sencillo. De eso se trata. A medida que tu fuerza de voluntad vaya incrementándose, serás capaz de afrontar más retos y de avanzar en el entrenamiento de tu autocontrol.

Muchos de los desafíos con los que lidiamos a diario son del mismo tipo: *resistir a las tentaciones*. Ignorar las ganas de un cigarrillo, un donut o la compra compulsiva requiere de mucha fuerza de voluntad.

Cuando debes hacer frente a un aburrido informe de gastos o al bloqueo de la página en blanco necesitas todo tu autocontrol para evitar caer en distracciones como perderte en Facebook, contestar correos electrónicos personales o entretenerte con algún juego como el solitario. Y a veces seguro que necesitas aún más fuerza de voluntad para controlar tu temperamento cuando un compañero de trabajo «no entiende lo que le explicas» o un subordinado comete un error.

Es probable que creas que, como las personas de éxito tienen tanta fuerza de voluntad, son especialmente resistentes a darse por vencidas. Pero en realidad parecen ser más susceptibles a las tentaciones que el resto de la gente. Piensa, por ejemplo, en alguna celebridad que no tenga ningún punto débil. No se te ocurre ninguna, ¿verdad?

Parece contradictorio que alguien que es capaz incluso de gobernar un país no tenga la fuerza de voluntad necesaria para resistirse a un cigarrillo o a comer patatas fritas. Pero, según las investigaciones sobre la naturaleza del autocontrol, no lo es en absoluto. Para entenderlo necesitas saber cómo funciona este mecanismo psicológico.

Tu capacidad de autocontrol no se diferencia de los músculos. Como los bíceps o los tríceps, no solo varía de una persona a otra, sino también *de un momento a otro*. Es decir, igual que unos bíceps bien trabajados a veces acaban bloqueados tras un esfuerzo agotador, el «músculo» de tu fuerza de voluntad, a pesar de su dureza, también puede flaquear en algún momento.

Incluso acciones tan cotidianas como tomar decisiones o causar una buena impresión a alguien pueden minar este valioso recurso, como también enfrentarse a las tensiones de la carrera profesional o las relaciones familiares. Por eso, cuando se abusa de la fuerza de voluntad durante demasiado tiempo la fuente que abastece a tu autocontrol se seca; y las tentaciones ganan la partida. Lo bueno es que tal agotamiento es solo temporal; dale tiempo a tu músculo para recuperarse y volverá a estar en forma para resistir las tentaciones. Además, ciertas investigaciones recientes han evidenciado que cuando el descanso no es una opción, una buena forma de acelerar el proceso de recuperación (o incentivar la fuerza de voluntad) consiste en pensar en las personas que son un ejemplo de autocontrol para ti.[1]

En mi caso, pensar en la fuerza de voluntad de mi madre me da un resultado increíble.

También puedes recuperarte mediante algún tipo de estímulo, y no me refiero a un cóctel u otras cosas más fuertes, sino a algo que te ponga de buen humor —sí, vale, es posible que un cóctel mejore tu estado de ánimo, pero no olvides que el alcohol no potencia precisamente la fuerza de voluntad—. Puedes, por ejemplo, escuchar tu canción favorita, ver un vídeo divertido, llamar a un amigo o recordar un éxito del pasado. Este tipo de cosas también te servirán de ayuda cuando necesites restaurar tu autocontrol con rapidez.

La otra similitud entre la fuerza de voluntad y cualquier otro músculo (y una *buena* noticia para quienes luchamos siempre por mantener bajo control nuestros impulsos) es que puedes fortalecerla con el tiempo si haces los ejercicios adecuados de forma regular. La investigación al respecto muestra que actividades cotidianas como el ejercicio físico o llevar el control de tus gastos o de tu dieta (incluso mantener la espalda recta cuando te sientes a trabajar) pueden mejorar tu capacidad de autocontrol. En uno de estos estudios, un grupo de personas que habían seguido un programa diario de ejercicio durante dos meses no solo mejoraron su estado físico, sino que lograron disminuir su adicción al tabaco, bebieron menos alcohol y comieron de forma más saludable.[2] Además, incrementaron su capacidad para controlar su carácter y gastaron el dinero de forma menos impulsiva, mejoraron sus hábitos de higiene, procrastinaron menos y fueron más puntuales. En realidad, todos los aspectos de su vida que requerían el uso de la fuerza de voluntad mejoraron de manera considerable.

Por tanto, si quieres desarrollar tu fuerza de voluntad, elige una actividad (o evita un vicio) que encaje con tus objetivos y añádela a tus rutinas diarias. En algunos de los estudios señalados se dan ejemplos como renunciar a comerte una golosina que te guste mucho, evitar los insultos y los tacos, cepillarte los dientes después de cada comida o eliminar el comienzo de las frases con el pronombre «yo».[3] De todos modos, para practicar tu autocontrol puedes elegir cualquier actividad que implique superar un impulso o hacer algo que preferirías no hacer. Por ejemplo, para empezar podrías limitar el tiempo que dedicas a Facebook o comprometerte a hacer la cama cada mañana. Sin duda al principio no será nada fácil, pero se irá volviendo cada vez más sencillo si perseveras, porque tu capacidad de autocontrol se irá fortaleciendo.

Aplicación práctica
Fortalece tu músculo de
la fuerza de voluntad

1. La fuerza de voluntad se agota con el uso. Cuando se acaben tus reservas, tómate un tiempo de descanso antes de afrontar cualquier reto que requiera autocontrol.

2. Puedes acelerar tu tiempo de recuperación haciendo algo que te levante el ánimo, felicitándote por algún éxito

o pensando en alguien que te sirva de ejemplo en cuanto al autocontrol.

3. Recuerda que el músculo de tu fuerza de voluntad se tonifica con el ejercicio regular. Antes de emprender un proyecto que necesite mucho autocontrol (por ejemplo, dejar de fumar o cambiar la dieta de forma radical), empieza fortaleciendo ese músculo con ejercicios frecuentes y de baja exigencia. Añade poco a poco algunos retos diarios relacionados con otras actividades (como hacer la cama, mantener la espalda recta o subir las escaleras en lugar de usar el ascensor) y empieza a reforzar desde ahí.

Capítulo 8
No tientes al destino

Es importante no olvidar que tu fuerza de voluntad es limitada. Da igual cuánto la desarrolles; si abusas de ella, te quedarás temporalmente sin combustible. Así que, si puedes evitarlo, no trates de cumplir dos objetivos exigentes a la vez (como dejar de fumar y ponerte a dieta). Mantente fuera de peligro, no te compliques la vida. Mucha gente confía demasiado en su habilidad para resistir las tentaciones y, en consecuencia, se expone a situaciones donde estas abundan. En cambio, la gente de éxito no se pone a prueba más de lo necesario.

Resistirse a las tentaciones es la clave para alcanzar los objetivos marcados. A menudo, lo que *queremos* hacer es justo lo opuesto a lo que *necesitamos* hacer para lograr nuestras metas personales y profesionales. Esto puede parecer contradictorio, pero la primera cosa que deberías hacer para evitar una tentación —incluso antes de empezar a trabajar tu fuerza de voluntad— es aceptar que la capacidad de autocontrol es limitada. A pesar de todos los ejercicios que hagas, siempre lo será; como los músculos, que, con independencia de su tamaño o potencia, siempre pueden terminar bloqueándose.

El problema es que la mayoría de la gente cree que posee más fuerza de voluntad de la que en realidad tiene. En consecuencia, nos solemos exponer a situaciones «peligrosas» creyendo que las podremos gestionar.

En una investigación llevada a cabo con los participantes en un programa para tratar la adicción al tabaco, se preguntó a los que llevaban tres semanas sin fumar (es decir, ya habían superado la fase de «mono» físico) si se creían capaces de eludir la tentación de fumar en el futuro.[1] También se les preguntó cómo pensaban evitar situaciones como salir de fiesta con los amigos. Los resultados revelaron que los exfumadores que habían mostrado más confianza en sus capacidades para resistirse a un cigarrillo fueron los que más tentaron a la suerte. Unos meses más tarde se comprobó que quienes habían evitado las tentaciones presentaban menos riesgo de volver a fumar, mientras que los que habían sobrevalorado su fuerza de voluntad cayeron de nuevo en su antigua adicción.

A pesar de trabajar de manera adecuada la fuerza de voluntad, es muy difícil respetar las propias determinaciones tras un largo día apagando incendios en la oficina —y este es el motivo fundamental por el que existe la *Happy Hour* en los locales de copas—. No te engañes: en una situación de estrés resulta complicado seguir la senda correcta. Por eso es tan importante que te tomes tu tiempo para detectar cuándo estarás más vulnerable y que utilices la planificación *si...entonces* para mantenerte fuera de peligro. Puedes, por ejemplo, programar una breve actividad divertida, una distracción, una pausa para picar algo bajo en calorías, lo que sea necesario con tal de relajarte por un momento.

Además, si es posible hazte un favor y no trates de cumplir dos objetivos simultáneos, sobre todo si ambos requieren mucho autocontrol. Eso solo te generará más problemas. La investigación en este campo ha revelado, por ejemplo, que las personas que intentan dejar de fumar mientras están a dieta tienen más probabilidades de fracasar en *ambos* objetivos que quienes afrontan los dos retos por separado.

Para terminar, recuerda que es mucho más fácil abstenerse de hacer algo por completo que transigir un poco y luego parar. Porque cuanto más tiempo dure un comportamiento, más autocontrol necesitarás para detenerlo. Es decir, que si no te apetece sexo hoy, es mucho mejor quedarse en el beso de buenas noches; y si tu deseo es perder peso, deja pasar el plato de patatas fritas sin tocarlo. Recuerda ese eslogan de Lay's: «Apuesto a que no puedes comerte solo una». No estaban bromeando.

Aplicación práctica
Detente antes de empezar

1. Si tienes un mal hábito que quieres abandonar o un impulso que necesitas controlar, piensa en los momentos en los que eres más vulnerable y, si es posible, evítalos.

2. Afronta uno a uno los desafíos que se te presenten. Si la gente lograra hacer realidad uno solo de sus propósitos de año nuevo, tendría muchos más éxitos con el paso del tiempo.

3. Cuando haces algo que te gusta pero que no deberías hacer, no confíes en esa voz

interior que te dice: «Venga, solo por esta vez» o «Por un poquito no pasa nada». Siempre es mucho más fácil resistir la tentación por completo; es menos divertido, desde luego, pero también más sencillo.

Capítulo 9
Céntrate en lo que harás, no en lo que no harás

¿Quieres lograr un ascenso, dejar de fumar o gestionar mejor tu mal humor? Pues planifica cómo reemplazar tus conductas contraproducentes por otras más constructivas y que te resulten más rentables. Demasiado a menudo, la gente fija su atención en lo que quiere *dejar* de hacer y no piensa con qué llenará ese vacío. Los experimentos que investigan la supresión de un pensamiento (por ejemplo, «no pienses en un elefante») han demostrado que intentarlo produce el efecto contrario, es decir, refuerza su presencia en tu mente. Lo mismo ocurre con cualquier comportamiento: si intentas *no hacer* algo, el impulso incrementará su fuerza en vez de reducirla.

De modo que, si quieres cambiar de conducta, pregúntate que harás en su lugar. Por ejemplo, si lo que deseas es gestionar mejor tu temperamento, deberías darte más o menos este tipo de autoinstrucciones: «Cuando empiece a notar que me enfado, respiraré hondo tres veces». Si usas la respiración para reemplazar tu malestar, con el tiempo ese impulso hacia el enfado se reducirá hasta desaparecer por completo.

Una vez que te has propuesto formular una planificación *si... entonces* para alcanzar tu objetivo, el siguiente paso es llenarla de contenido. Investigaciones recientes han mostrado que hay que tener mucho cuidado al elaborar ese plan, porque una fórmula equivocada *si... entonces* puede resultar contraproducente y fomentar justo aquello que se intenta evitar.[1]

En Holanda, unos investigadores de la Universidad de Utrecht analizaron tres tipos de planificación *si...entonces*. El primero eran los **planes de reemplazo**, que significan lo que su nombre indica: un plan para sustituir una conducta negativa por otra positiva. Si sueles aprovechar todas las oportunidades que encuentras y siempre te acabas metiendo en demasiados proyectos, deberías crear un plan de reemplazo *si...entonces* como este: «Si alguien me ofrece un nuevo proyecto, entonces pensaré en ello al menos 24 horas antes de responder». Pensártelo durante 24 horas es una conducta de reemplazo, es decir, una respuesta adaptativa diseñada para sustituir cualquier comportamiento que pudiera acarrear algún problema.

El segundo tipo son los planes *si...entonces* que implican **ignorar** un estímulo. Estos se centran en bloquear sentimientos y pensamientos indeseados, como la ansiedad, los antojos o las dudas (por ejemplo, «si tengo ganas de fumar, entonces no pensaré en ello»). En este caso, simplemente planeas desconectar los impulsos o pensamientos que no deseas tener para disminuir el efecto que causan en ti.

El tercer y último tipo son los planes *si... entonces* de **negación**. Este implica precisar qué acciones no se llevarán a cabo en el futuro. Es decir, si hay un comportamiento que quieres evitar, lo que planeas es no hacerlo (por ejemplo, «si estoy en el centro

comercial, entonces no compraré nada»).
En cierto modo, esta es la forma más directa
de abordar los impulsos negativos y una de
las más comunes en nuestro día a día.

Como decía, esos tres tipos de planificación *si... entonces* se analizaron en el
mencionado estudio y los resultados fueron
sorprendentes pero consistentes: los planes
de **negación** no solo mostraron una eficacia menor que los demás, sino que a veces
incluso provocaron un *efecto rebote* que
incrementaba justo las conductas que se
pretendía evitar.

Y es que, del mismo modo que la investigación sobre la supresión de pensamientos
ha revelado que la supervisión constante de
una idea la vuelve más activa en la mente,
los planes *si... entonces* de negación man-
tienen la atención fija en la conducta que

pretende eliminarse. Es irónico, pero cuando intentas *no dejarte llevar* por los impulsos, estos se *fortalecen* en lugar de desaparecer. Así pues, un plan como «si voy al centro comercial, entonces no compraré nada» puede acabar costándote una fortuna.

Acuérdate siempre de que para lograr tus metas en lugar de enfocarte solo en las conductas que pueden sabotear tu éxito necesitarás planificar cómo reemplazarlas por otras que lo estimulen. Lo más importante de un plan *si... entonces* es lo que *harás*, no lo que no harás.

Aplicación práctica
Enfócate en lo que harás

1. Muchos de nuestros objetivos implican la supresión de un comportamiento: no comer en exceso, no trabajar demasiado,

no trasnochar, no estar tan a la defensiva. Pero pensar en una meta de esta manera puede más bien reforzar los impulsos que nos sabotean, en lugar de desgastarlos. Así pues, replantea tus objetivos como si empezaras una actividad desde cero; esto es, decide lo que harás en vez de concentrarte en lo que te quieres prohibir.

2. Una vez que hayas decidido el comportamiento que reemplazará la conducta perjudicial, formula un plan *si... entonces*: Si siento el impulso de_____, entonces yo _____ en su lugar.

Conclusiones

La mayoría de nosotros observamos a la gente que ha logrado triunfar —líderes políticos o empresariales, o personas que están a la vanguardia del arte, la música o el cine— y explicamos su éxito usando palabras como «genio», «aptitudes» o «talento». Y no habría ningún problema con ello si entendiéramos cómo *funcionan* el talento y las aptitudes, o qué es eso de ser un genio. Tener éxito no consiste en ganar un premio en la lotería del ADN, sino en alcanzar tus metas. Se trata de tomar decisiones inteligentes, usar las estrategias adecuadas y entrar en acción. La investigación ha demostrado con claridad que las llamadas habilidades «innatas» (como el cociente intelectual) son malos predictores del éxito.[1] En cambio, emplear una estrategia adecuada o ser perseverante pueden revelar *mucha información* sobre aquellos individuos que llegarán a la cima.

Las personas que tienen éxito se caracterizan por marcarse objetivos muy específicos y aprovechar las oportunidades que se les presentan (utilizando estrategias como la planificación *si... entonces*); siempre saben hasta dónde pueden llegar y permanecen enfocadas en lo que resulta necesario en cada situación. En otras palabras, confían en sus posibilidades, pero también entienden que el éxito implica enfrentarse a ciertos contratiempos. Saben que es más importante centrarse en progresar, en lugar de hacerlo todo perfectamente bien. También son conscientes de que pueden desarrollar sus habilidades a través de la práctica y el esfuerzo, y que eso requiere el valor necesario para plantar cara a las dificultades. Además, ejercitan su fuerza de voluntad mediante ejercicios regulares, hacen planes para reactivarla cuando no tienen suficiente e intentan huir de situaciones en las que pueda haber tentaciones indeseadas. Por último, se limitan a orientarse hacia lo que van a hacer, en lugar de a lo que no.

Es decir, no hacen nada que tú no puedas hacer.

Para saber más sobre las estrategias, científicamente probadas, que puedes usar para lograr el éxito personal y profesional, lee mi nuevo libro, *Succeed: How We Can Reach Our Goals.*

Notas

Introducción

1. Este libro trata sobre los 9 secretos de la gente exitosa. Es decir, las estrategias que utilizan para fijar y alcanzar los objetivos (a veces sin darse cuenta) que, según la literatura de investigación, ejercen más influencia en el rendimiento. Gordon B. Moskowitz y Heidi Grant, eds, *The Psychology of Goals* (Nueva York: The Guildford Press, 2009).

Capítulo 1

1. **Como dije antes, innumerables estudios han demostrado que ser específico...** Edwin A. Locke y Gary P. Latham, «Building a Practically Useful Theory of Goal Setting and Task Motivation: A 35-Year Odyssey», *American Psychologist 57*, n.º 9 (2002): 705-717.

2. **En las investigaciones que mis colegas y yo hemos llevado a cabo...** Angela Lee Duckworth, Heidi Grant, Benjamin Loew, Gabriele Oettingen y Peter M. Gollwitzer, «Self-Regulation Strategies Improve Self-Discipline in Adolescents: Benefits of Mental Contrasting and Implementation Intentions», *Educational Psychology: An International Journal of Experimental Educational Psychology 31*, n.º 1 (2011): 17-26.

Capítulo 2

1. **Más de un centenar de estudios en los que se han analizado objetivos como perder peso, hacer ejercicio...** Peter M. Gollwitzer y Paschal Sheeran, «Implementation Intentions and Goal Achievement: A Meta-Analysis of Effects and Processes», *Advances in Experimental Psychology 38* (2006): 69-119.

2. **Para saberlo, se analizó en un estudio a una serie de personas que pretendían cambiar de hábitos y hacer ejercicio de forma regular...** Sarah Milne, Sheina Orbell y Paschal Sheeran, «Combining Motivational and Volitional Interventions to Promote Exercise Participation: Protection Motivation Theory and Implementation Intentions», *British*

Journal of Health Psychology 7, n.º 2
(mayo 2002): 163-184.

Capítulo 3

1. **Investigaciones recientes demuestran que no hay que hacer demasiadas autoevaluaciones cuando se está
aprendiendo algo...** Chak Fu Lam,
D. Scott DeRue, Elizabeth P. Karam y
John R. Hollenbeck, «The Impact of
Feedback Frequency on Learning and
Task Performance: Challenging the "More
is Better" Assumption», *Organizational
Behavior and Human Decision Processes
116*, n.º 2 (noviembre 2011): 217-228.

2. **En sus estudios más recientes, los psicólogos Minjung Koo y Ayelet Fishbach,
de la Universidad de Chicago...** Minjung
Koo y Ayelet Fishbach, «Dynamics of

Self-Regulation: How (Un)accomplished Goal Actions Affect Motivation», *Journal of Personality and Social Psychology 94*, n.º 2 (febrero 2008): 183-195.

Capítulo 4

1. **Uno de los ejemplos más ilustrativos de los peligros que comporta ser un optimista no realista...** Gabriele Oettingen y Thomas A. Wadden, «Expectation, Fantasy, and Weight Loss: Is the Impact of Positive Thinking Always Positive?», *Cognitive Therapy and Research 15*, n.º 2 (1991): 167-175.

2. **Oettingen halló el mismo patrón de comportamiento en otros estudios sobre universitarios que buscaban trabajos bien remunerados...** Gabriele Oettingen y Doris Mayer, «The Motivating Function of

Thinking about the Future: Expectations versus Fantasies», *Journal of Personality and Social Psychology 83*, n.º 5 (noviembre 2002): 1198-1212.

3. **Muchos estudios han demostrado que se trata de una estrategia muy eficaz para incrementar la confianza...** Anja Achtziger, Peter M. Gollwitzer y Paschal Sheeran, «Implementation Intentions and Shielding Goal Striving From Unwanted Thoughts and Feelings», *Personality and Social Psychology Bulletin 34*, n.º 3 (marzo 2008): 381-393.

Capítulo 5

1. **Por ejemplo, en un estudio que llevé a cabo hace unos años en la Universidad de Lehigh...** Gordon B. Moskowitz y Heidi Grant, eds, *The Psychology of Goals* (Nueva York: The Guildford Press, 2009).

2. En una ocasión los psicólogos de la CSU prepararon un experimento... Dustin B. Thoman, Jessi L. Smith y Paul J. Silvia, «The Resource Replenishment Function of Interest», *Social Psychological and Personality Science 2*, n.º 6 (noviembre 2011): 592-599.

Capítulo 6

1. Los estudios llevados a cabo por la psicóloga de Stanford Carol Dweck... Carol S. Dweck, *Mindset: The New Psychology of Success* (Nueva York: Ballantine Books, 2008).

Capítulo 7

1. Además, ciertas investigaciones recientes han evidenciado que cuando el descanso no es una opción... Michelle R.

vanDellen y Rick H. Hoyle, «Regulatory Accessibility and Social Influences on State Self-Control», *Personality and Social Psychology Bulletin 36*, n.º 2 (febrero 2010): 251-263.

2. **En uno de estos estudios, un grupo de personas que habían seguido un programa diario de ejercicio durante dos meses...** Megan Oaten and Ken Chang, «Longitudinal Gains in Self-Regulation from Regular Physical Exercise», *British Journal of Health Psychology 11*, n.º 4 (noviembre 2006): 717-733.

3. **En algunos de los estudios señalados se dan ejemplos como renunciar a comerte una golosina que te guste mucho...** Roy F. Baumeister, Matthew Gailliot, C. Nathan DeWall y Megan Oaten, «Self-Regulation and Personality: How Interventions

Increase Regulatory Success, and How
Depletion Moderates the Effects of Traits on
Behavior», *Journal of Personality 74*, n.º 6
(diciembre 2006): 1773-1802.

Capítulo 8

1. **En una investigación llevada a cabo
con los participantes en un programa
para tratar la adicción al tabaco...** Loran
F. Nordgren, Frenk van Harreveld y Joop
van der Pligt, «The Restraint Bias: How
the Illusion of Self-Restraint Promotes
Impulsive Behavior», *Psychological Science
20*, n.º 12 (diciembre 2009): 1523-1528.

Capítulo 9

1. **Investigaciones recientes han mostrado que hay que tener mucho cuidado...** Marieke A. Adriaanse, Johanna

M. F. van Oosten, Denise T. D. de Ridder, John B. F. de Wit y Catharine Evers, «Planning What Not to Eat: Ironic Effects of Implementation Intentions Negating Unhealthy Habits», *Personality and Social Psychology Bulletin 37*, n.º 1 (enero 2011): 69-81.

Conclusiones

1. **La investigación ha demostrado con claridad que las llamadas habilidades «innatas»...** Angela L. Duckworth y Martin E. P. Seligman, «Self-Discipline Outdoes IQ in Predicting Academic Performance of Adolescents», *Psychological Science 16*, n.º 12 (diciembre 2005): 939-944.

Agradecimientos

Me siento muy agradecida con el magnífico equipo de la Harvard Business Publishing, en especial con Tim Sullivan —que creyó que mi artículo «Nine Things» podía convertirse en una buena publicación— y con Sarah Green, que me ayudó a elaborarla. Muchas gracias también a Whitney Johnson, que me abrió las puertas de la *Harvard Business Review*, y a mi agente y amigo Giles Anderson, que me ayudó en todo el proceso.

Sobre la autora

Heidi Grant Halvorson es psicóloga social, oradora y autora del libro *Succeed: How We Can Reach Our Goals* (Hudson Street Press, 2011). También es directora adjunta del Columbia Business School's Motivation Science Center y forma parte del consejo asesor de varias empresas. Es experta en publicaciones digitales sobre motivación y liderazgo para la *Harvard Business Review*, *The Huffington Post*, *Forbes*, *Fast Company* y *Psychology Today*. Su artículo original «Nine Things Successful People Do Differently» tiene el récord de visitas en la página web de la HBR. Además, imparte formación empresarial sobre motivación, persuasión y marketing.

Síguela en Twitter (@heidigrantphd) o en www.heidigrantphd.com.

Notas

Notas

Notas

Notas

Inteligencia Emocional
EMPATÍA

Inteligencia Emocional
FELICIDAD

Inteligencia Emocional
MINDFULNESS
(Atención plena)

Inteligencia Emocional
RESILIENCIA

Inteligencia Emocional
EL AUTÉNTICO LIDERAZGO

Inteligencia Emocional
INFLUENCIA Y PERSUASIÓN

Inteligencia Emocional
Cómo tratar con
GENTE DIFÍCIL

Inteligencia Emocional
LIDERAZGO
(Leadership Presence)

Inteligencia Emocional
PROPÓSITO SENTIDO + PASIÓN

Inteligencia Emocional
AUTO CONCIENCIA

Inteligencia Emocional
FOCUS

Inteligencia Emocional
SABER ESCUCHAR

Inteligencia Emocional
CONFIANZA

Inteligencia Emocional
PODER + INFLUENCIA

Serie Inteligencia Emocional
Harvard Business Review

Esta colección ofrece una serie de textos cuidadosamente seleccionados sobre los aspectos humanos de la vida laboral y profesional. Mediante investigaciones contrastadas, cada libro muestra cómo las emociones influyen en nuestra vida laboral y proporciona consejos prácticos para gestionar equipos humanos y situaciones conflictivas. Estas lecturas, estimulantes y prácticas, ayudan a conseguir el bienestar emocional en el trabajo.

Con la garantía de **Harvard Business Review**

Participan investigadores de la talla de
Daniel Goleman, Annie McKee y **Dan Gilbert**, entre otros

Disponibles también en formato **e-book**

Solicita más información en revertemanagement@reverte.com

www.revertemanagement.com

@ @revertemanagement

Guías Harvard Business Review

En las **Guías HBR** encontrarás una gran cantidad de consejos prácticos y sencillos de expertos en la materia, además de ejemplos para que te sea muy fácil ponerlos en práctica. Estas guías realizadas por el sello editorial más fiable del mundo de los negocios, te ofrecen una solución inteligente para enfrentarte a los desafíos laborales más importantes.

Monografías

Michael D Watkins es profesor de Liderazgo y Cambio Organizacional. En los últimos 20 años ha acompañado a líderes de organizaciones en su transición a nuevos cargos. Su libro, **Los primeros 90 días**, con más de 1.500.000 de ejemplares vendidos en todo el mundo y traducido a 27 idiomas, se ha convertido en la publicación de referencia para los profesionales en procesos de transición y cambio.

Las empresas del siglo XXI necesitan un nuevo tipo de líder para enfrentarse a los enormes desafíos que presenta el mundo actual, cada vez más complejo y cambiante.

Este libro presenta una estrategia progresiva que todo aquel con alto potencial necesita para maximizar su talento en cualquier empresa.

Publicado por primera vez en 1987 **El desafío de liderazgo** es el manual de referencia para un liderazgo eficaz, basado en la investigación y escrito por **Kouzes** y **Posner**, las principales autoridades en este campo.

Esta sexta edición se presenta del todo actualizada y con incorporación de nuevos contenidos.

¿Por qué algunas personas son más exitosas que otras? El 95 % de todo lo que piensas, sientes, haces y logras es resultado del hábito. Simplificando y organizando las ideas, **Brian Tracy** ha escrito magistralmente un libro de obligada lectura sobre hábitos que asegura completamente el éxito personal.

Crear un equipo y un entorno donde la gente pueda desarrollar bien su trabajo es el mayor reto de un líder, a quien también se le exige que mejore el rendimiento de su equipo a través de un liderazgo innovador. **La Mente del Líder** ofrece importantes reflexiones y puntos de vista que nos muestran el camino a seguir para que todo esto suceda.

Enfrentar el cambio radical que provocará la IA puede resultar paralizante. **Máquinas predictivas** muestra cómo las herramientas básicas de la economía nos dan nuevas pistas sobre lo que supondrá la revolución de la IA, ofreciendo una base para la acción de los directores generales, gerentes, políticos, inversores y empresarios

Nuestra atención nunca ha estado tan sobrecargada como lo está en la actualidad. Nuestros cerebros se esfuerzan para realizar múltiples tareas a la vez, mientras ocupamos cada momento de nuestras vidas hasta el límite con distracciones sin sentido.

Hyperfocus es una guía práctica para manejar tu atención: el recurso más poderoso que tienes para hacer las cosas, ser más creativo y vivir una vida con sentido.

Make Time es un manifiesto encantador, una guía amigable que nos ayudará a encontrar la concentración y la energía en nuestro día a día.

Se trata de dedicar tiempo a lo realmente importante fomentando nuevos hábitos y replanteando los valores adquiridos fruto de la actividad frenética y de la distracción.

La obra de **Aaron Dignan** es una lectura obligada para todos aquellos interesados por las nuevas formas de trabajo. Un libro del todo transgresor que nos explica exactamente cómo reinventar nuestra forma de trabajar, dejando atrás los clásicos sistemas jerárquicos verticales, y potenciando la autonomía, la confianza y la transparencia. Una alternativa totalmente revolucionaria que ya está siendo utilizada por las startups más exitosas del mundo.

También disponibles
en formato e-book

**Solicita más información en
revertemanagement@reverte.com
www.revertemanagement.com**